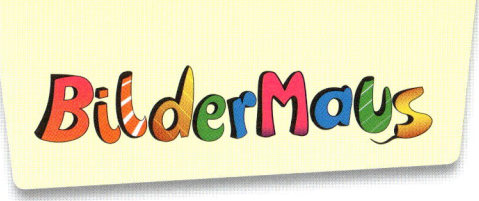

Michaela Hanauer

Weihnachtsgeschichten

Illustriert von Marina Krämer

www.leseloewen.de

ISBN 978-3-7855-7586-4
1. Auflage 2013
© 2013 Loewe Verlag GmbH, Bindlach
Umschlagillustration: Marina Krämer
Reihenlogo: nach einem Entwurf
von Angelika Stubner
Printed in Italy

www.loewe-verlag.de

Inhalt

Ein Streich zur Weihnachtszeit

Sara wundert sich. Der im

ist leer. Hat Mama den

vergessen? Auch auf der ist

nichts geschmückt. Und in der

gibt es nur und . „Haben

Sie keine ?", fragt Sara

den . Der schüttelt den .

„Aber es ist doch bald  !", ruft

Sara erstaunt. Die  in der

zucken mit den . „Hier stimmt

etwas nicht", denkt Sara.

Plötzlich entdeckt sie auf der

zwei kleine . Sie schleppen

einen großen . „Was treibt

ihr da?", ruft Sara. „Sie kann uns

sehen!", kreischt der eine .

Rasch stopft er einen  tiefer in

den  zu und . „Die

kleinen können wir nicht

täuschen", grunzt der andere.

Sara versteht das nicht. „Wieso

versteckt ihr das alles?"

Die  kichern. „Wenn die

großen  etwas nicht sehen,

vergessen sie es einfach. Das ist

lustig!" Sie halten sich die  und

lachen. Dann raffen sie ihren

und flitzen davon.

Sara kann nicht lachen. Die

haben  gemopst! Na warte,

die können was erleben! Es muss

auch ohne  oder  oder

gehen.

Sie singt einfach drauflos: „Süßer

die  nie klingen." Die  um

sie herum summen leise mit.

Zunächst zaghaft, dann immer

lauter. Bis man es überall hört.

Die  kratzen sich an den 😐 😐 😐 .

Dann fällt ihnen alles wieder ein.

Stimmt! Bald ist . Wie konnten

sie das vergessen? Jetzt aber

schnell alles vorbereiten! Sara freut

sich. Sie hat die  ausgetrickst!

Das Riesenplätzchen

Jan liebt die seiner Mama.

Schade, dass sie immer so winzig

sind. Deshalb will Jan diesmal

besonders große backen.

Er knetet mit und

und zusammen. Daraus formt

er eine große und rollt sie platt.

Noch ein paar drauf und fertig

ist das riesige . Es passt

gerade so auf das . Als Jan

im liegt, klopft es an sein .

Jan öffnet es und starrt hinaus.

Er sieht zwei . Sehr lange

in einer roten . Da steht ein !

„W…w…wer bist du?", stottert Jan.

„Ich bin Niko und sehr hungrig",

sagt der .

Sein 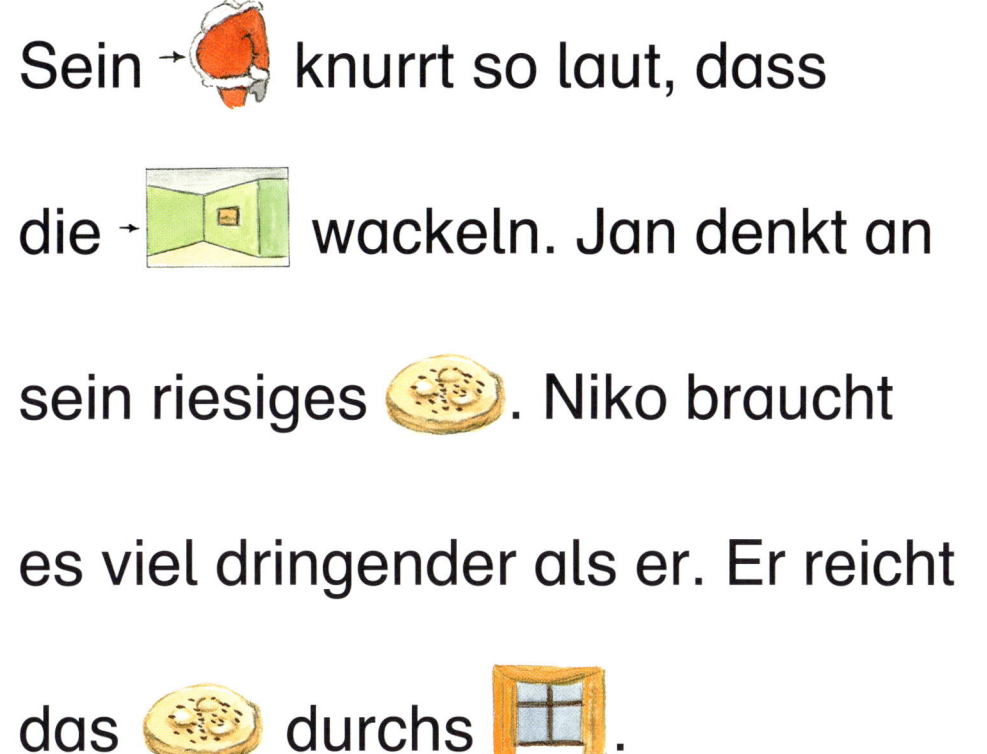 knurrt so laut, dass

die ↗ wackeln. Jan denkt an

sein riesiges . Niko braucht

es viel dringender als er. Er reicht

das durchs .

„Du bist lieb!" Niko dankt und

steckt es auf einmal in seinen →  .

„Leider muss ich schon wieder

weiter. Verrat mir noch schnell,

was du dir vom  wünschst!"

Jan wünscht sich ein  mit .

Eigentlich weiß er genau, dass

seine  von Mama und Papa

kommen. Und nicht vom .

Bloß halten Mama und Papa leider

nichts von .

Später erzählt er seiner Schwester

Lisa von dem , der vielleicht

der  war. Lisa lacht. „Der  ist

kein ." – „Hast du ihn etwa

schon mal gesehen?", knurrt Jan.

Lisa schüttelt den . „Natürlich

nicht, den  gibt's doch gar nicht!"

Dann ist es so weit. Ein großes

liegt unterm . Jan reißt das

auf. Darin ist ein . Mit !

Vielleicht gibt es ihn doch, den ?

Ein Geschenk für Mama

„Was wünschst du dir, Mama?",

fragt Nina. Mama antwortet: „Ein

braves 👦 und einen schönen 🎄."

Den 🎄 besorgt schon Papa. Und

brav ist Nina sowieso. Fast immer.

Sie denkt weiter über ein 🎁 nach.

Aber ihr fällt einfach nichts ein.

Mama zu beschenken ist schwierig,

findet Nina. Doch dann sieht sie

Mama zum  hinausgucken

und seufzen. „Weiße wären

schön!"

Im  hört Nina: „Zu

erwarten wir ." Arme Mama!

Da fällt Nina etwas ein. Sie holt

sich ein  aus der . Dann

schneidet sie lauter aus

aus. Was das wohl wird?

An  krabbelt Nina ganz früh

aus dem . Sie hört Papa aus

dem  schnarchen. Sonst

ist es ganz still.

Mit nackten 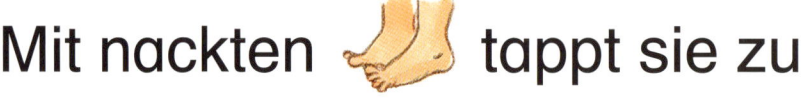 tappt sie zu

jedem   und klebt mit   etwas

daran. Dann wartet sie in eine

gekuschelt auf dem . Wenig

später kommt Mama.

Wie angewurzelt bleibt Mama vor

dem  stehen. Dann jubelt sie

laut. „Robert, komm schnell! Sieh

nur, es hat doch noch geschneit!"

Tatsächlich, überall hängen

wunderschöne ❄ ❄ . Nina gluckst

in ihre 🔴 . Sie hat doch noch das

richtige 🎁 für Mama gefunden!

O Tannenbaum

Der kleine  trifft im den

und das . Er brummt: „Die

holen sich unsere , um sie

zu schmücken. Aber wir

bekommen keinen . Das finde

ich gemein!" Sie beschließen,

selbst einen zu schmücken.

Der  schleppt herbei. Sie

sehen fast wie längliche aus.

Der trennt sich von einigen

duftenden . Die hat er den

stibitzt, als es noch warm war.

Das  überlegt länger. Dann zupft

es einzelne ⫽ aus dem 🌾.

Nur die zarten, hellen. Diese ⫽

legt es über die dunkelgrünen 🌿.

Das sieht wie 🌲 aus!

Aber was soll ganz oben auf

die  ? Kein 🍎, keine 🌰 und

keine 🌾 ist ihnen hübsch genug.

Sie fangen heftig an zu streiten.

Der 🌙 ist längst aufgegangen.

Und die ⭐ blinken. Einer der ⭐

entdeckt den 🎄. Neugierig

gleitet er etwas tiefer. Hm, da fehlt

doch etwas … Schwuppdiwupp

setzt sich der ⭐ auf die 🌲.

Der , das  und auch der 

bemerken es nicht. Aber nach und

nach kommen die anderen 

aus dem . Sie haben 

mitgebracht. Sie reden und lachen

miteinander.

„Was macht ihr hier?“, fragt der .

„Wir bewundern euren  !“,

antwortet das . „Aber der ist

noch gar nicht fertig!“, sagt das .

„Also ich finde ihn wunderschön.

Besonders die !", schwärmt

die 🦉. Der kleine 🐻, der 🐰 und

das 🦌 recken die 🐻🐰🦌. Sie

staunen nicht schlecht.

„Wir sollten uns schämen", findet

der . „Vor lauter streiten hätten

wir beinahe alles verpasst!" Dann

umarmen sie sich und feiern

endlich mit den anderen .

Die Wörter zu den Bildern:

 Tisch

 Bäcker

 Wohnzimmer

 Kopf

 Adventskranz

 Weihnachten

 Straße

 Menschen

 Bäckerei

 Schlange

 Kuchen

 Schultern

 Brot

 Kobolde

 Plätzchen

 Sack

 Engel

 Kugel

 Kerzen

 Schoko-streusel

 Christbaum-kugeln

 Backblech

 Bäuche

 Bett

 Glocken

 Fenster

 Butter

 Beine

 Zucker

 Hose

 Mehl

 Riese

 Eier

 Wände

 Mund

 Regen

 Weihnachts-
mann

 Glas

 Raumschiff

 Küche

 Astronaut

 Kreise

 Geschenke

 Papier

 Christbaum

 Schlafzimmer

 Geschenk-
papier

 Füße

 Kind

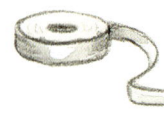 Klebeband

 Radio

 Decke

 Sofa

 Honigwaben

 Schneesterne

 Bienen

 Bär

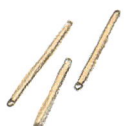 Halme

 Wald

 Heu

 Hase

 Tannenzweige

 Reh

 Lametta

 Tannenbäume

 Tannenspitze

 Tiere

 Apfel

 Karotten

 Haselnuss

 Weizenähre

 Eichhörnchen

 Mond

 Eule

 Sterne

 Hälse

 Futter

Michaela Hanauer wurde 1969 geboren und war schon als Kind selbst eine begeisterte Leseratte. Diese Leidenschaft ließ sie nie los. Deshalb arbeitete sie nach ihrem Studium in einem Kinder- und Jugendbuchverlag. Heute lebt sie als selbstständige Autorin und Agentin mit ihrem Lebensgefährten und ihrem Kater Wuschel in München.

Marina Krämer wurde 1974 in Russland geboren. Ende 1990 zog sie nach Deutschland und studierte Visuelle Kommunikation und Grafikdesign in Stuttgart. Heute arbeitet sie als freiberufliche Illustratorin und lebt mit ihrer Familie und ihrem Kater in Ludwigsburg.